PENGUIN READERS
EN ESPAÑOL

Queridos padres y educadores,

¡Bienvenidos a Penguin Readers! Como padres y educadores, saben que cada niño se desarrolla a su propio ritmo en términos de habla, pensamiento crítico y, por supuesto, lectura. Por eso, a cada libro de Penguin Readers se le asigna un nivel de lectura fácil (1-4), detallado a continuación. ¡Penguin Readers presenta autores e ilustradores de renombre, cuentos sobre personajes favoritos, libros informativos fascinantes y más!

LECTOR INICIAL
Vocabulario sencillo • Repetición de palabras • Claves de la ilustración • Cuento y estructuras de la oración predecibles • Temas e ideas familiares

LECTOR EN PROGRESO
Oraciones más largas • Diálogos sencillos • Claves de la ilustración y del contexto • Desarrollo más profundo de la trama • Información y ficción

LECTOR EN DESARROLLO
Palabras polisílabas y compuestas • Más diálogo • Diferentes puntos de vista • Historias y personajes más complejos • Mayor variedad de géneros

LECTOR AVANZADO
Vocabulario más avanzado • Texto detallado y descriptivo • Estructura de oraciones complejas • Desarrollo profundo de la trama y los personajes • Gama completa de géneros

Gracias a Joy y a Dena,
mis maravillosas editoras

Mi agradecimiento también al doctor
Stephen Zawistowski, especialista certificado en
Comportamiento Animal, por su ayuda—JH

A Michael y Stephen Olinger—AD

PENGUIN YOUNG READERS
Un sello editorial de Penguin Random House LLC
1745 Broadway, New York, New York 10019

Publicado por primera vez en los Estados Unidos de América por Dial Books for Young Readers
y Puffin Books, sellos editoriales de Penguin Random House LLC, 2001

Publicado por Penguin Young Readers, un sello editorial de Penguin Random House LLC, 2012

Edición en español publicada por Penguin Young Readers,
un sello editorial de Penguin Random House LLC, 2025

Derechos del texto © 2001 de Joan Holub
Derechos de ilustración © 2001 de Anna DiVito
Derechos de la traducción en español © 2025 de Penguin Random House LLC

Traducción al español de Yanitzia Canetti

Créditos de la fotografía: (portada, 3): bydog_studio/ImaZinS/Getty Images; 4: wundervisuals/ E+/Getty Images; 5: (arriba) Judith Dzierzawa/iStock/Getty Images, (abajo) Eriklam/iStock/Getty Images; 6: mpikula/E+/Getty Images; 7: Bigandt_Photography/iStock/Getty Images; 9: (arriba) Liliya Kulianionak/iStock/Getty Images, (abajo) alexei_tm/iStock/Getty Images; 10-11: fotojagodka/iStock/Getty Images; 13: Constantinis/iStock/Getty Images; 14: cynoclub/iStock/Getty Images; 15: Anagramm/iStock/Getty Images; 17: pakornkrit/iStock/Getty Images; 18: Thomas Northcut/DigitalVision/Getty Images; 21: Prostock-Studio/iStock/Getty Images; 22: GlobalP/iStock/Getty Images; 23: smrm1977/iStock/Getty Images; 25: AzmanL/iStock/Getty Images; 27: Laures/iStock/Getty Images; 30: GlobalP/iStock/Getty Images; 31: TatyanaGl/iStock/Getty Images; 33: Mordolff/iStock/Getty Images; 34: Natalia Plankina/iStock/Getty Images; 35: DeRepente/iStock/Getty Images; 36: Eriklam/iStock/Getty Images; 37: Rene du Chatenier/iStock/Getty Images; 38: vauvau/iStock/Getty Images; 42: Yuri_Arcurs/E+/Getty Images; 43: MediaProduction/E+/Getty Images; 45: MirasWonderland/iStock/Getty Images

Penguin respalda los derechos de autor. Los derechos de autor alimentan la creatividad, fomentan las voces diversas, promueven la libertad de expresión y crean una cultura vibrante. Gracias por comprar una edición autorizada de este libro y por cumplir con las leyes de derechos de autor al no reproducir, escanear ni distribuir ninguna parte de él en ninguna forma sin permiso. Estás apoyando a los escritores y permitiendo que Penguin continúe publicando libros para todos los lectores.

Visítanos en línea: penguinrandomhouse.com.

Los datos de Catalogación en Publicación de la Biblioteca del Congreso están disponibles.

Manufacturado en China

ISBN 9780593889190 (tapa blanda)   10 9 8 7 6 5 4 3 2 1 WKT
ISBN 9780593889206 (tapa dura)   10 9 8 7 6 5 4 3 2 1 WKT

¿POR QUÉ LADRAN LOS PERROS?

JOAN HOLUB
ilustraciones de ANNA DiVITO
traducción de YANITZIA CANETTI

¿Te encantan los perros?

A muchas personas les encantan los perros. A veces, incluso los llamamos «el mejor amigo del hombre».

Hay más de 100 tipos o razas de perros que viven como mascotas.

Algunas razas populares son los retrievers (se pronuncia: ri-TRI-vers), los cocker spaniels, los caniches, los beagles (se pronuncia: BI-gels), los rottweilers (se pronuncia: ROT-wi-lers) y los pastores alemanes. A los perros que son una mezcla de razas se les llama perros mestizos, de raza mixta, criollos o chuchos.

¿Cuáles son los perros más pequeños y más grandes?

Los perros pueden tener muchas formas y tamaños.

Los chihuahuas son los perros más pequeños. Un chihuahua de bolsillo cabe en tu mano. Los mastines y los San Bernardos son los perros más grandes. Pueden pesar más de 250 libras, ¡casi lo mismo que cuatro niños de tu edad!

¿Cuáles son los mejores perros?

Ninguna raza de perro es la mejor en todo, pero muchas razas tienen habilidades especiales. Los galgos corren muy rápido. Tienen patas poderosas y cuerpos delgados. Algunos corren a 40 millas por hora.

Los terriers son valientes. Pueden cazar animales mucho más grandes que ellos. Los retrievers son excelentes nadadores. Tienen membranas entre los dedos, y eso los ayuda a nadar. Nadan incluso bajo el agua.

¿Qué es algo especial que puede hacer tu perro?

¿Cuántos cachorros puede tener una perra a la vez?

A un grupo de cachorros nacidos al mismo tiempo se le llama camada. Una perra puede tener muchos cachorros en una camada.

Cinco es el número más común. Una vez, una perra tuvo una camada ¡de 22 cachorros!

Cuando son recién nacidos, los cachorros de todas las razas se parecen mucho y puede ser difícil determinar de qué raza son.

¿Cómo crecen de cachorros a perros adultos?

Los cachorros nacen con los ojos cerrados. No pueden ver ni oír hasta que tienen dos o tres semanas de edad.

Cuando los cachorros tienen entre tres y cuatro semanas, comienzan a caminar, a ladrar, a jugar y a mover la cola.

Los cachorros beben leche de sus madres hasta que tienen entre cinco y siete semanas de edad. A veces le lamen la cara a su madre para que ella devuelva la comida que luego ellos se comen.

Después están listos para comer comida para cachorros.

La mayoría de los cachorros se convierten en adultos cuando tienen un año.

¿Están relacionados los perros con los lobos?

¡Sí! Hace mucho tiempo, no existían los perros. Luego, las personas enseñaron a algunos lobos a ser útiles.

A lo largo de siglos, algunos lobos cambiaron y se convirtieron en los perros de hoy. Otros permanecieron salvajes.

¿Qué es una manada de perros o lobos?

Una manada es como la familia de un perro.

A los perros y los lobos les gusta comer, jugar y dormir con su manada.

Cada manada tiene un líder. Tu perro piensa que tu familia es su manada. Cree que alguien en tu familia es el líder. ¿Sabes quién?

¿Por qué ladran los perros?

Tu perro ladra para proteger tu casa y tu jardín.

Cuando se acerca un desconocido, ladra para hacer sonar la alarma. Quiere avisarte a ti y a tu familia que hay un desconocido cerca.

Tu perro también puede ladrar

para que un desconocido se aleje.

Algunos perros ladran para saludar a sus dueños cuando regresan a casa.

¿Por qué aúllan los perros?

Algunos perros aúllan cuando se sienten solos. Si tu perro está solo por mucho tiempo, puede que aúlle. Está intentando encontrarte a ti o a sus perros amigos. Otros perros pueden aullar en respuesta, como un saludo.

Algunos perros aúllan cuando escuchan cantos, música o sirenas. Creen que suena como a otros perros aullando, así que aúllan en respuesta.

¿Por qué los perros entierran huesos?

Los perros y los lobos casi siempre quieren comer.

Los lobos deben esforzarse mucho para encontrar comida. Comen rápido, antes de que otros animales puedan robar su comida. De ahí viene el dicho en inglés «wolf it down», que quiere decir 'comer como fiera'.

Cuando los lobos tienen comida de sobra, la entierran para guardarla y comerla más tarde.

A los perros también les preocupa que alguien les quite la comida. Por eso comen rápido. Algunos perros entierran u ocultan huesos para guardarlos y comerlos más tarde.

¿Tu perro hace esto?

¿Pueden los perros ver mejor que las personas?

De noche, los perros pueden ver mejor que las personas. También pueden ver mucho mejor un movimiento desde lejos.

Pero los perros no ven los colores muy bien. Pueden ver el color azul. Sin embargo, un perro ve los otros colores como grises.

¿Pueden los perros escuchar mejor que las personas?

¡Sí! Los perros oyen tonos altos y sonidos tenues que las personas no podemos detectar.

Tú no puedes escuchar el sonido agudo de un silbato para perros, pero tu perro sí puede.

Los perros también pueden identificar de dónde viene un sonido mejor que tú.

¿Por qué olfatean los perros?

El olfato es el sentido más importante de un perro. Es más de 100 veces mejor que el tuyo.

Un perro te olfatea para saber quién eres. También detecta si estás asustado por cómo hueles.

¿Te olfatea tu perro?

Tu perro recuerda mejor tu olor que tu apariencia.

¿Por qué los perros lamen a las personas?

Los perros huelen por sus hocicos y pequeñas aberturas en sus bocas, detrás de los dientes frontales superiores.

Lamer ayuda a los perros a identificar a las personas y otros perros. También lamen a las personas porque les gusta el sabor de su piel salada.

¿Por qué los perros orinan tantas veces durante un paseo?

Los perros orinan para dejar su propio olor especial. Quieren que otros perros sepan que estuvieron allí. También están diciendo: «¡Este lugar es mío!».

¿Por qué los perros se revuelcan en cosas apestosas?

A veces los perros se revuelcan en heces de otros animales o en basura para encubrir su propio olor.

En la naturaleza, algunos animales huyen al oler a un perro o a un lobo cerca. Los perros y los lobos cubren su olor para acercarse sigilosamente.

¿Por qué jadean los perros?

Cuando un perro jadea, respira con fuerza y rapidez a través de su boca abierta.

Los perros jadean cuando tienen mucho calor para refrescarse.

Las personas sudan para refrescarse. Los perros no pueden sudar por su pelaje y liberan el calor por sus lenguas.

¿Por qué los perros tienen mal aliento?

Con el tiempo se forma una mucosidad en los dientes y las encías de un perro. Esto puede oler mal. Los perros no pueden cepillarse los dientes. ¿Acaso no tendrías mal aliento si nunca te cepillaras?

¿Por qué mueven la cola los perros?

Los perros mueven la cola cuando están felices. Si la cola de un perro está entre sus patas traseras, está asustado o triste.

Cuando dos perros se encuentran, sus colas muestran lo que piensan. Si sus colas están rectas, están decidiendo quién está al mando. Si la cola de un perro está alta y la del otro está baja, el de la cola alta es el líder.

¿De qué otras maneras hablan los perros con sus cuerpos?

Tu perro utiliza su cuerpo para mostrar cómo se siente y para decirte lo que quiere.

Cuando tu perro se tumba de espaldas, puede estar diciendo: «Tú eres el jefe» o «Acaríciame la barriga».

Si su cola y orejas están erguidas y muestra los dientes, tu perro está enojado. Cuando tu perro extiende una pata, te está pidiendo algo.

Si tu perro se agacha sobre sus patas delanteras, generalmente significa que quiere jugar.

¿Qué tipos de trabajos pueden hacer los perros?

El trabajo principal de tu perro es ser tu amigo. Pero los perros pueden hacer muchos otros trabajos. Algunos sabuesos ayudan a encontrar personas perdidas. Su agudo sentido del olfato también los ayuda a rastrear a criminales.

Los perros ovejeros y los pastores escoceses son buenos para juntar ovejas o vacas.

Algunos perros esquimales tiran de trineos en la nieve. Tienen pelo grueso y cálido, ¡y mucha energía!

Algunos pastores alemanes son entrenados para ser perros guía o perros policía. Aprenden rápidamente y son muy inteligentes y obedientes.

¿Qué otros tipos de trabajos pueden hacer los perros?

Los San Bernardos son buenos para encontrar personas perdidas en tormentas de nieve. Tienen un sentido del olfato muy desarrollado. También pueden detectar el calor corporal de una persona enterrada bajo la nieve.

Los dóberman pueden ser perros guardianes. Ladrarán para asustar a los desconocidos. Algunos perros son actores. Siguen bien las instrucciones y suelen estar muy tranquilos. No se alteran por las luces y el ruido en un set de televisión o cine.

¿Existen perros héroes?

Muchos perros han realizado actos valientes.

Barry

Un San Bernardo llamado Barry rescató a muchas personas perdidas en tormentas de nieve.

Una vez salvó a una niña que estaba enterrada en la nieve. Se acostó a su lado para mantenerla caliente. Luego la llevó a una casa cercana.

Buddy

Un pastor alemán llamado Buddy fue el primer perro guía.

Buddy fue entrenado para ayudar a un hombre ciego. Buddy lo ayudaba a cruzar las calles de manera segura.

Gracias a Buddy, el hombre pudo viajar y trabajar por su cuenta por primera vez en su vida.

¿Entienden los perros lo que les decimos?

Los expertos piensan que algunos perros pueden aprender 20 o más palabras. Esto ayuda a que los perros sean más fáciles de entrenar que muchos otros animales.

La mayoría de los perros pueden aprender ciertas órdenes, como *siéntate, quieto* y *ven*. Los perros pueden entender muchas otras palabras.

¿Cuántas palabras entiende tu perro?

Entrenamiento

Cuando tu perro sea lo suficientemente mayor, puedes enseñarle a obedecer y hacer trucos.

Entrena a tu perro solo de uno a cinco minutos por sesión.

Enséñale un truco a la vez. Háblale despacio y claro. Nunca lo golpees ni le grites. Siempre di «bien hecho» y dale un premio, un abrazo o una caricia cuando obedezca.

Entrena a tu perro para que se siente

Sostén una pequeña golosina sobre el hocico de tu perro. Mueve la golosina hacia atrás sobre su cabeza. Empuja suavemente la parte trasera de tu perro hacia abajo hasta que se siente. Cada vez que tu perro se siente, di «siéntate» y dale la golosina.

Entrena a tu perro para que se acerque

Párate a unos cinco pasos de distancia de tu perro. Mírale a los ojos un momento. Luego di «ven». Haz un gesto con tu mano también.

Intenta enseñarle a tu perro a sentarse en lugar de saltar cuando venga hacia ti.

Entrenamiento para que se quede quieto

Extiende una mano con la palma hacia tu perro. Di «quieto». Mantenla extendida. Retrocede lentamente y di «quieto» una y otra vez. Si tu perro no se queda quieto, comienza de nuevo.

La mayoría de los perros desean ser el mejor amigo de sus dueños.

Tu perro te quiere.

Cuida bien de tu perro... y será tu amigo para siempre.